Nico Abrell
Ich bin ich – und jetzt?
Über Mobbing, Outing und das erste Mal

Nico Abrell lebt bei seiner Familie in Bayern. Seine Freizeit verbringt er am liebsten mit dem Schreiben von Geschichten und Songtexten, dem Spielen seiner Gitarre und seinem YouTube-Kanal.
Dort teilt er mit seinen Fans regelmäßig Videos zum Thema Diversity, Buchtipps oder persönliche Storys.

Mehr von Nico:

 NICO

 @nicoabrell

ICH BIN ICH UND jetzt?

NICO ABRELL

Über Mobbing, Outing und das erste Mal

Ausführliche Informationen über

unsere Autoren und Bücher

www.dtv.de

Originalausgabe

© 2019 dtv Verlagsgesellschaft mbH & Co. KG, München

Umschlag- und Innengestaltung: Carolin Liepins, München

Fotos Umschlag & Innenteil: Nikolaus Schäffler, München

Foto S. 83 © privat

Layout und Satz: Carolin Liepins, München

Gesetzt aus Univers, Itchy Handwriting, Caitiff, My Boyfriend's Handwriting

Druck und Bindung: Druckerei C.H.Beck, Nördlingen

Gedruckt auf säurefreiem, chlorfrei gebleichtem Papier

Printed in Germany · ISBN 978-3-423-71824-0

#inhalt

#antiklischeedenken

#stopmobbing

#davico

#fragerunde

#meinehelden

#danksagung

#celebrate

Für das stärkste Mädchen der Welt.
Für meine Schwester.

#vorwort

Tagtäglich erreichen mich Nachrichten auf Instagram und Co. von jungen Menschen, die sich mir anvertrauen – einer wildfremden Person, die sie eigentlich nur von Videos und Bildern kennen. Und dennoch schütten sie mir ihr Herz aus, erzählen mir von ihren Sorgen bezüglich eines bevorstehenden Coming-outs und von ihren Ängsten darüber, wie die eigenen Eltern oder der beste Freund möglicherweise reagieren könnten. Manche von ihnen wissen sogar selbst noch nicht ganz genau, was es mit ihrer sexuellen Orientierung auf sich hat, und suchen ihren Platz im Leben.

Es mag naiv, vielleicht auch banal klingen, aber »Ich bin ich – und jetzt?« habe ich geschrieben, um Mut zu machen – dir und all denen, die nicht genau wissen, wer sie sind; die sich nicht sicher sind, was sie tun sollen, wie sie zu sich selbst finden und wie sie sich vor sich selbst und der Welt outen sollen; die sich nicht trauen, mit jemandem über ihre Ängste und ihre Unsicherheiten zu sprechen. Vor ein paar Jahren war ich dieser Jemand. Ich hatte keine Ahnung, was ich tun sollte. Ich war hilflos und fühlte mich allein. Und ich muss gestehen, dass ich mich nicht gern an diese Zeit zurückerinnere. Dieses Buch zu schreiben war also genauso wichtig für mich, weil es mich zwang, mich mit meiner Vergangenheit auseinanderzusetzen und in gewisser Weise abzuschließen. »Ich bin ich – und jetzt?« nahm mich mit in die Erinnerungen, die ich bereits fest verpackt und ganz tief, in der hintersten Schubladen meines Kopfes verstaut hatte;

die, die eigentlich zu schmerzhaft sind, um sie wieder auszupacken. Und auch, wenn ich erst Angst hatte, bin ich jetzt froh, mich ihnen noch einmal gestellt zu haben. Sie führten mir vor Augen, wie sehr mein Umfeld mich beeinflusst hat, wie ich mich selbst in eine Sackgasse manövriert hatte, und dass auch im 21. Jahrhundert noch ziemlich viel schiefläuft in unserer Welt. Sie machten mir erst so richtig bewusst, wofür ich eigentlich kämpfen sollte und wofür ich einstehen möchte.

Ich kann nicht verstehen, dass Menschen heutzutage immer noch für etwas gemobbt werden, woran sie überhaupt keine Schuld haben. Egal, ob auf dem Pausenhof, auf der Arbeit, im privaten Umfeld oder in manchen Freundeskreisen – Menschen werden verurteilt, weil sie schwul, lesbisch, bi etc. sind (wobei man das natürlich auf alle anderen Bereiche des Lebens erweitern könnte). Dabei fallen Wörter und Sätze, bei denen sich mein Magen umdreht (und zwar um 360 Grad!); bei denen ich die Hände über dem Kopf zusammenschlage und mich frage, in was für einer Welt wir eigentlich leben.

Für all jene, die sich das gefallen lassen und täglich aufs Neue dagegen ankämpfen müssen, ist dieses Buch. Weil ich weiß, wie schwer es ist, mit Mobbing und dem inneren Kampf umzugehen, und weil ich weiß, wie leicht man in ein tiefes Loch abrutschen kann.

Aber am allermeisten ist dieses Buch für meine kleine Schwester. Ich weiß, wie verletzend Menschen sein können und wie geistlos manche Personen mit Wörtern und Sätzen um sich werfen und gar nicht wissen, welcher Schaden dadurch angerichtet wird. Ich weiß, wie schwer es ist, stark zu bleiben – und ich wünsche mir, dass dieses Buch auch dafür stehen kann: für Stärke. Dafür, dass man sich nicht für das, was man ist, verstecken muss.

Ich persönlich kann sagen, dass ich mittlerweile an einem Punkt angelangt bin, an dem ich recht zufrieden bin mit mir. Allerdings war das nicht immer so: Ich habe wirklich oft mit mir selbst gekämpft und mich in einen dunklen Schatten gestellt und ...

Was soll ich sagen – ich hätte mir wirklich manchmal jemanden gewünscht, der mich an die Hand nimmt und mir zeigt, wie toll das Leben eigentlich ist und dass man nicht zu viel Zeit damit verschwenden sollte, darüber nachzudenken, welchen Pullover man heute anzieht, um möglichst hetero auszusehen und als solcher wahrgenommen zu werden. Was ich sagen muss, um nicht als komisch abgestempelt zu werden. Wie ich mich verhalten muss, um akzeptiert zu werden. Wie ich laufen und gestikulieren muss, damit nicht auffällt, dass ich anders bin als die anderen.

Und genau das, was mir fehlte, soll dieses Buch für dich sein. Jemand, der dich an die Hand nimmt und dir ständig und rund um die Uhr ins Gesicht sagt, dass du toll bist, so wie du eben bist – egal ob du klein bist oder groß, dick oder dünn, rothaarig oder blond, sportlich oder nicht, musikalisch oder nicht, schwul oder lesbisch, hetereo oder bi, trans- oder asexuell oder was auch immer. Und dass du dir das von nichts und niemandem auf dieser Welt nehmen lassen solltet. Wirklich von niemandem! Ausnahmslos.

Doch auch, wenn ich mit diesem Buch Mut machen möchte, möchte ich auch unbedingt erwähnen, dass es lediglich meine eigenen Erfahrungen und Schilderungen, meine persönlichen Tipps beinhaltet. Das, was ich erfahren habe, muss also nicht automatisch auf jeden anderen zutreffen. Meine Erfahrungen stehen nicht für alle Homosexuellen dieser Welt, das würde ich mir niemals anmaßen und dafür sind wir auch viel zu unterschiedlich – aber es sind dennoch gemeinsame Werte, die ich hierin vermitteln möchte.

Ich wünsche dir nun ganz viel Spaß beim Lesen dieses Buches und hoffe, dass du ein paar meiner Tipps beherzigen können wirst, auch wenn ich weiß, dass all das leichter gesagt als getan ist.
Solltest du Fragen, Anregungen oder andere Anliegen haben, kannst du mir jederzeit gerne eine Mail schreiben:
contact@nicoabrell.de

Ich hab dich lieb!
– Nico

#definition – Was es bedeutet, schwul oder lesbisch zu sein

Wenn man den Begriff »Homosexualität« in einem Lexikon nachschlägt, wird er zusammengefasst als: »sexuelles, erotisches oder romantisches Begehren gegenüber Personen des eigenen Geschlechts«.

Den Ausdruck »schwul« gibt es tatsächlich »offiziell« erst seit den 1970er-Jahren und ursprünglich war er einfach nur eine abschätzige Bezeichnung für Homosexuelle. Vermutlich lässt sich der Begriff auf das Niederdeutsche schwul für »drückend heiß« zurückführen. Mittlerweile ist diese umgangssprachliche Benennung aber weitgehend etabliert und steht eben für männliche Homosexuelle, während die weiblichen Homosexuellen als Lesben bezeichnet werden (das Wort stammt von der griechischen Insel Lesbos – dort lebte die berühmte Dichterin Sappho, die – wer hätte es gedacht – Frauen liebte).

Darf es noch ein bisschen mehr Background-Story sein?

Was die Ursachen dafür sind, dass Männer sich zu Männern oder Frauen sich zu Frauen hingezogen fühlen – darüber haben eine Menge kluger Menschen eine Menge kluger Bücher geschrieben.

Grundsätzlich gibt es dazu zwei Theorien:

1. Die Veranlagung zur Homosexualität ist schon vor der Geburt in einem festgelegt.

2. Die sexuelle Orientierung entwickelt sich erst in der Kindheit und Pubertät.

Gott sei Dank sind wir mittlerweile so weit, dass man Homosexualität nicht mehr als Krankheit betrachtet. Trotzdem streiten Biologen, Psychologen und auch Theologen nach wie vor über solche Fragen wie:

Gibt es irgendwelche Faktoren, die die Entwicklung von Homosexualität verursachen oder beeinflussen?

Kann man sein sexuelles Verlangen womöglich auch durch den eigenen Willen steuern oder ist man einfach »Opfer« seiner Triebe?

Meiner Meinung nach ist es nicht wichtig, was man in seiner Kindheit oder Jugend an sexuellen Erfahrungen gemacht, sondern vielmehr, was man dabei empfunden hat.

Aber wie gesagt, dazu gibt es viele wahnsinnig kluge Bücher – die viel klüger sind als ich –, die sich jedoch oft in ihrem Ansatz mehr oder weniger widersprechen. Einig sind sich die Wissenschaftler hier in den letzten Jahrhunderten jedenfalls nicht geworden. Und viele Schwule und Lesben halten von dieser ganzen Ursachenforschung ohnehin nichts. Denn letztlich: Mit dem realen Leben und mit dem persönlichen Fühlen oder Denken hat der ganze Theoriekram sowieso nichts zu tun.

Wenn man mich fragt, was Homosexualität für mich ganz persönlich bedeutet, dann würde ich antworten:

Für mich bedeutet Homosexualität Freiheit!
Es geht darum, sein wahres Ich zu offenbaren und zu dem zu stehen, wer und was man ist.
Dabei muss man sich vor niemandem verstecken und etwas vorgeben, was man nicht ist.

#damals vs. heute – Schwulsein damals, Schwulsein heute

Männer, die Männer lieben – das gab es zu allen Zeiten und in allen Kulturen. Bei vielen Naturvölkern und auch in der Antike galten Homosexualität und gleichgeschlechtliche Liebe als ganz akzeptierte Lebensform und etwas vollkommen Normales.

Das änderte sich jedoch mit der Ausbreitung des Christentums grundlegend. Es begann eine jahrhundertelange Verfolgung und Ausgrenzung.

Als »unkeusch« und »wider die Natur« wurde die Lebensform von Homosexuellen bezeichnet. Auch im Mittelalter war es gängige Praxis, Homosexuelle auf dem Scheiterhaufen zu verbrennen oder sie zu enthaupten.

Falls du übrigens denkst, diese Form der Bestrafung sei mit dem Mittelalter in der Versenkung verschwunden, dann irrst du dich gewaltig. In vielen Ländern droht Homosexuellen auch heute noch Verfolgung, in insgesamt 13 Ländern wie zum Beispiel Saudi-Arabien, dem Iran oder Pakistan sogar die Todesstrafe!

Einen ersten Wendepunkt in Deutschland gab es im Jahr 1794: Friedrich der Große ließ die Todesstrafe für sogenannte »Sodomiter«

abschaffen und durch eine Zuchthausstrafe ersetzen. Er selbst hatte am eigenen Leib erlebt, was es bedeuten konnte, zu intensiv mit einem Mann »befreundet« zu sein. Sein Vater, Friedrich Wilhelm I., hatte die enge Verbindung zwischen Friedrich und dessen Freund, Hans Herrmann von Katte, stets missbilligt. Als ein gemeinsamer Fluchtplan der beiden aufflog, wurde der Thronfolger Friedrich unter Arrest gestellt, für Katte bedeutete es das Todesurteil.

Mit der Gründung des Deutschen Reiches im Jahr 1871 kam es zu einer Vereinheitlichung der verschiedenen Strafrechte der deutschen Staaten. Der Paragraf 175 wurde geschaffen: Er droht bei »widernatürlicher Unzucht, welche zwischen Personen männlichen Geschlechts [...] begangen wird«, mit Gefängnis. Schwule gelten nun als Kranke, die man versucht, von ihrer »Verirrung« zu heilen.

In der Folge wurde am 5. Mai 1897 das »Wissenschaftlich-humanitäre Komitee« (WhK) unter Leitung des Sexualwissenschaftlers Magnus Hirschfeld ins Leben gerufen. In der Gründungserklärung hieß es: »[...] aufgrund sichergestellter Forschungsergebnisse [...] Klarheit darüber zu schaffen, dass es sich bei der Liebe zu Personen gleichen Geschlechts [...] um kein Laster und kein Verbrechen, sondern um eine von der Natur tief in einer Anzahl von Menschen wurzelnde Gefühlsrichtung handelt.«

Das war sozusagen der Startschuss des politischen Kampfes um die Gleichberechtigung von Schwulen und die Abschaffung von Paragraf 175 im Deutschen Reich.

Mit der Machtübernahme der Nationalsozialisten im Jahr 1933 wurde der Paragraf 175 allerdings nochmals deutlich verschärft (Schwule galten als »Staatsfeinde« und als »Gefahr für Jugend, Ehe und Familie«).

Sie wurden mit dem »rosa Winkel« gekennzeichnet, in Konzentrationslager verschleppt und ermordet.

Auch nach dem Ende des 2. Weltkriegs blieb die Lage der Schwulen in Deutschland schwierig, denn der Paragraf 175 existierte noch immer und war geltendes Recht. Das bedeutete auch, dass diejenigen, die wegen des Vorwurfs von homosexuellen Kontakten in Konzentrationslagern interniert waren, ihre Strafen gemäß Paragraf 175 abbüßen mussten – es hat bis zum Jahr 2000 gedauert, ehe sich der Deutsche Bundestag für die Verfolgung der Homosexuellen im Nationalsozialismus offiziell entschuldigte.

Ein neuer Impuls zum Widerstand gegen das politische System und die Gleichberechtigung der Schwulen ging von den USA aus: Am 28. Juni 1969 kam es zu einem Aufstand der Schwulen in der New Yorker Christopher Street.

Und es gab auch in der Bundesrepublik Deutschland 1969 eine Strafrechtsreform zum Paragrafen 175 (in der DDR war das bereits 1968 geschehen). Homosexualität war jetzt kein Straftatbestand mehr.

Während der Kampf der Schwulen für Gleichberechtigung weiterging, wurde in den 80er-Jahren ein anderes Thema medienwirksam in den Fokus gerückt. Erste prominente Todesopfer durch Aids waren zu beklagen. Prävention, Aufklärung und die Erforschung der Krankheit selbst und ihrer Behandlungsmethoden beeinflussten die öffentliche Debatte.

Dann, endlich, der Durchbruch! 1994 wurde der Paragraf 175 aus dem Strafgesetzbuch gestrichen. Und es ging nun kontinuierlich voran: Im Februar 2001 verabschiedete der Bundestag das Lebenspartnerschaftsgesetz und schließlich wurde 2017 auch die gleichgeschlechtliche Eheschließung gesetzlich festgeschrieben. Gleichgeschlechtliche Paare dürfen seither in Deutschland heiraten und auch nicht leibliche Kinder adoptieren.

Ein wenig anders sieht es derzeit in unserem Nachbarland Österreich aus:

Zwar wurde auch dort 1971 die gleichgeschlechtliche Beziehung von Erwachsenen legalisiert (sie stand also nicht mehr unter Strafe), das sogenannte »Schutzalter« für Schwule wurde aber erst 2002 von 18 auf 14 Jahre gesenkt. Eingetragene Lebenspartnerschaften sind in Österreich seit 2009 möglich und die Gesetzesgrundlage für die gleichgeschlechtliche Ehe tritt zum 1. Januar 2019 in Kraft.

Und dann sollte man natürlich auch die Schweiz nicht vergessen: Bereits 1836 hatte dort ein gewisser Heinrich Hössli ein Buch über Männerliebe veröffentlicht, das war zu dieser Zeit schon ungeheuer fortschrittlich. Und ab 1942 war Homosexualität endlich kein kriminelles Vergehen mehr. Auch da waren die Schweizer anderen europäischen Staaten weit voraus. Im Jahr 2000 wurde die Diskriminierung von Homosexuellen verfassungsrechtlich untersagt und eingetragene Lebenspartnerschaften sind seit 2007 möglich und ironischerweise legal.

#ichbinich

MEIN COMING-OUT VOR MIR SELBST

Die Schule lief eigentlich ganz okay für mich. Eigentlich. Denn ich
hatte ein Riesenproblem mit den Jungs, die mit mir dorthin gingen.
Für sie gehörte ich einfach nicht dazu – egal, wie sehr ich mich an-
strengte. Sie nannten mich »schwul«, weil ich nicht auf die Titten
von xy aus der Parallelklasse starrte und keine Lust hatte, alberne
Wetten darüber abzuschließen, wer wen am schnellsten abschleppt.
Sie beschimpften mich als »Schwuchtel!« und weigerten sich, mich
im Sportunterricht in ihr Team zu wählen – wenn überhaupt, war
ich immer der Letzte, der zwangsweise in irgendein Team gewählt
wurde. »Du gehörst zu den Mädchen« und »Mit dir würden wir nur
verlieren«, haben sie gesagt und gelacht. Selbst die Alibi-Beziehung
zu meiner damals besten Freundin, die ich eine Zeit lang aufrecht-
erhielt, half nur bedingt.

Oft wartete ich nach dem Sportunterricht mit Absicht extra lang, bis
ich in die Umkleide ging, damit ich mich alleine umziehen konnte.
Ich ging mit Neurodermitis ins Bett und wachte oft schweißgebadet
auf, manchmal mitten in der Nacht. An manchen Tagen stellte ich
mich krank, um nicht in die Schule zu müssen. Ich weiß nicht mehr,
wie oft ich mir die Augen aus dem Kopf geweint habe, wie oft
meine Mom abends an meinem Bett saß und mir Mut zusprechen

musste. Sie war sogar so weit, mit mir die Koffer zu packen und in eine andere Gegend zu ziehen. Aber ich wollte nicht. Und den Grund für mein Dilemma kannte sie sowieso nicht, zumindest nicht wirklich.

Das Gedankenkarussell in meinem Kopf stand niemals still. Ich begann zu zweifeln. An mir. An allem. An meinem Körper, jedem Gedanken und jedem Gefühl, das ich aufbrachte. Ich hatte Angst, dass sie recht hatten. Dass ich schwul war. Immerhin schaute ich Jungs schon ganz gern hinterher. Immerhin träumte ich manchmal von ihnen. Mein inneres Ich glich einem gigantischen, zitternden Fragezeichen, das mich in sich aufnahm wie der Wal aus Findet Nemo.

Vielleicht hätten an dieser Stelle bereits meine inneren Alarmglocken läuten sollen. Und vielleicht läuteten sie auch, aber ich war immer so sehr darauf versteift, genauso zu sein wie alle anderen, dass ich mich gegenüber meinem Inneren taub stellte. Ich sagte mir, ich sei romantisch. Ich sagte mir, die Richtige wartet vielleicht in einem anderen Klassenzimmer in einer anderen Stadt. Ich fing an, mir in regelmäßigen Abständen die Haare zu färben, um die Gesprächsthemen von meiner scheinbar falschen Sexualität auf meine Fake-Haarfarbe zu ziehen. Ich habe mich für den Rest der Realschulzeit so gegen mich selbst gewehrt, habe so sehr versucht, jemand anderer zu sein, dass ich mich am Ende kaum mehr selbst erkannt habe, wenn ich in den Spiegel guckte. Ich fühlte mich so alleingelassen und einsam ...

... bis ich BookTube für mich entdeckte. Und David kennenlernte. Für die, die es nicht kennen: BookTube ist eine Art Unterkategorie auf YouTube, eine eigene Community, die sich über Bücher austauscht und Videos über Bücher und literarische Themen dreht.

Da meine Freizeit zu diesem Zeitpunkt hauptsächlich aus Lernen, Lesen und meiner besten Freundin bestand, beschloss ich, selbst einen BookTube-Kanal auf YouTube zu erstellen – ganz ohne Hintergedanken. Ich drehte ein paar Videos und abonnierte einige der anderen BookTuber. Unter anderem auch BookTown, der heute vielmehr als David Milan oder auch als mein fester Freund bekannt ist. Ich weiß nicht, was, aber irgendetwas an seiner Art zog mich so sehr in seinen Bann, dass ich kurzerhand beschloss, ihn anzuschreiben. Vermutlich sein breites Lächeln, seine positive Ausstrahlung und die Begeisterung am Lesen, die wir teilten.

Ich bekam nur wenige Stunden später eine Antwort. Aus diesen ersten Nachrichten entstanden eine Millionen weitere (wenn nicht sogar Milliarden). Wir tauschten unsere Handynummern aus, schrieben uns regelmäßig über WhatsApp und telefonierten. Wir wurden beste Freunde.

Irgendwann aber kam der Tag, an dem David sich vor mir outete – und sich im gleichen Atemzug von mir abwandte, weil er Angst hatte, ich würde ihn anders behandeln. Ich schwor ihm, dass ich ihn niemals anders behandeln würde, obwohl klar war, dass sich für mich etwas ganz Wesentliches geändert hatte. Wir haben nie geflirtet und bis zu seinem Coming-out bin ich sowieso davon ausgegangen, David wäre hetero – genau wie ich eben. Aber jetzt war er plötzlich nicht mehr hetero – und ich vielleicht auch nicht, wer wusste das schon? Hatte ich deshalb ständig Herzklopfen, wenn er mir schrieb? Musste ich deshalb immer grinsen, wenn ein neues YouTube-Video von ihm in meiner Abobox aufploppte? Rührte daher dieses Kribbeln in meiner Magengegend, wenn ich an ihn dachte?

Und dann fragte er mich, ob ich mit ihm gemeinsam auf die Leipziger Buchmesse gehen wollte. Und ich sagte zu, einfach so, ohne nachzudenken. Meine erste große Reise mit jemandem, den ich fernab von stundenlangen Telefonaten, WhatsApp und YouTube überhaupt nicht kannte. Ob ich nervös war? Auf jeden Fall. Aber es war eine gute Art von Nervosität. Und es hat sich auf jeden Fall gelohnt.

Wir machten uns zusammen auf den Weg nach Leipzig und waren bereits ein paar Stunden später im Hotel angekommen, in dessen Zimmer ein Doppelbett auf uns wartete. Ich kann nicht beschreiben, was in dieser Nacht alles passiert ist. Einerseits, weil so viel passiert ist, und andererseits, so unglaublich wenig. David lag neben mir in besagtem Doppelbett und wir redeten über uns, über Bücher, über ... alles. Und, was soll ich sagen – irgendwann lag sein Kopf auf meinem Bauch und wir schliefen ein. Und irgendetwas regte sich in mir (*lach*). Irgendetwas, was all die Jahre zuvor nicht einmal zum Greifen nahe gewesen war. Etwas, vor dem ich mich immer gefürchtet hatte und vor dem ich all die Jahre weggerannt war: mein wahres Ich.

Ich wusste seit dieser Nacht, dass ich mehr als nur Freundschaft für David empfand, aber ich konnte nicht beschreiben, was es war. Ich redete mir immer wieder ein, dass es eine sehr tiefgehende Freundschaft auf hoher – XXL-hoher – Basis war. Aber je länger ich darüber nachdachte, desto klarer wurde mir, dass da mehr war als Freundschaft. Und in welche verzwickte Lage mich das brachte.

Die darauffolgenden Nächte schlief ich kaum. Nicht, weil ich von Albträumen heimgesucht wurde oder weil der Mond schlecht stand – ich konnte nicht schlafen, weil ich die ganze Zeit an David denken musste und an das, was er mit mir angestellt hatte. Ständig dieses Kribbeln in meinem Bauch, wenn ich an ihn dachte. Ständig das Grinsen, das meine Lippen umspielte, wenn ich die Stelle berührte, auf der sein Kopf in Leipzig gelegen hatte. Und ständig seine Stimme in meinem Ohr, als er mir kurz vor der Abfahrt sagte, dass er mich vermissen würde.

Und doch wusste ich nicht, wie ich diese Gefühle zulassen könnte – geschweige denn, ob ich das überhaupt wollte. Ich hatte so furchtbare Angst. Ich weiß nur noch, dass ich eines Nachts aus meinem Bett aufstand und im Dunkeln, mit halb zusammengekniffenen Augenlidern den Weg ins Bad ertastete. Und dann stand ich plötzlich vor dem schlecht ausgeleuchteten Spiegel und betrachtete mich von oben bis unten und von unten bis oben. Ich dachte an all die Vorwürfe, all die dummen Sprüche aus der Schule und gleichzeitig kam mir das Wochenende mit David in den Sinn, das im krassen Kontrast dazu stand.

Dann schaute ich meinem Spiegelbild in die Augen und öffnete meinen Mund. Ich brachte zunächst keinen einzigen Ton heraus und bewegte meine Lippen wie ein Fisch an Land, weil ich nicht wusste, was ich sagen sollte. Das heißt: Eigentlich wusste ich genau, was mir auf der Zunge lag, mir fehlte nur der Mut, dazu zu stehen und alles Negative zu vergessen, was mich seit Jahren umgab.

Ich muss gestehen, ich benötigte ein paar Anläufe, aber nach einem langen, intensiven Augenduell zwischen meinem Spiegelbild und mir kroch es aus meinem Mund wie eine Offenbarung:

»Ich bin schwul.«

DU BIST DIR NICHT SICHER, WER DU BIST?
DU DENKST, DU BIST SCHWUL?
WAS TUN?

Das Schlimmste ist dieses nagende Gefühl der Unsicherheit. Wer bin ich? Was fühle ich? Darf ich das? 1000 Fragen, die in deinem Kopf herumschwirren und auf die du gern Antworten hättest. Ich kann das gut nachvollziehen – immerhin ging es mir einmal genauso. Deshalb habe ich im Folgenden einmal aufgelistet, was man tun kann, um wieder Ordnung in das Gefühlschaos zu bringen. Ich bin sicher, da ist auch für dich was dabei!

Allgemein gilt:
Du musst dich vor niemandem rechtfertigen für das, was bist! Niemand zwingt dich dazu, dich selbst in eine Schublade mit dem Stempel »schwul« zu stecken. Ob du tatsächlich schwul bist, kann man nicht so einfach sagen. Da hilft nur auszuprobieren und den richtigen Weg für dich selbst zu finden. Bleib dir einfach selbst treu und hör auf dein Herz!

Tipp 1
Falls du dich mit deinen Gefühlen und Gedanken überfordert fühlst und einfach nicht weißt, was du machen sollst, dann hol dir Hilfe! Sicher hast du Freunde, denen du voll vertraust – auf die solltest du setzen. Ich habe auch erst mit der Zeit gelernt, dass es wichtig ist,

mit anderen über die eigenen Probleme zu reden, damit es einem selbst besser geht. Wenn du ein super Verhältnis zu deinen Eltern hast, dann können natürlich auch sie deine Vertrauenspersonen sein. Und wenn du dich vorerst nicht deinen Eltern anvertrauen möchtest, gibt es immer jemanden in deinem Umfeld, der ein Geheimnis für sich behalten kann. Und zu guter Letzt habe ich auf Seite 25 noch Kontaktdaten von ein paar Anlaufstellen aufgelistet, die auf Probleme wie deins spezialisiert sind und dir sicher weiterhelfen können.

Tipp 2

Niemand zwingt dich dazu, jetzt schon eine Entscheidung zu treffen, wo deine Vorlieben liegen. Vielleicht steckst du ja gerade mitten in der Pubertät, wo Schwankungen in der Gefühls- und Gedankenwelt sowieso an der Tagesordnung sind. Die Sicherheit für das, was du machst, kommt erst mit der Zeit. Also kein Stress! Versuch einfach, Spaß am Leben zu haben und dich nicht wegen Dingen verrückt zu machen, die sich mit der Zeit ohnehin klären. (Ich fühlte mich zum Beispiel zunächst als Hetero und jetzt bin ich schwul – also alles halb so wild.)

Tipp 3

Liebe, wen du lieben willst. Und lass dir von keinem einreden, was daran richtig oder falsch sein soll. Du allein entscheidest! Liebe kann etwas so Schönes sein. Lass sie dir also nicht von anderen, von inneren Blockaden oder vom schier unlösbaren Gedankenwirrwarr kaputt machen.

AN WEN KANNST DU DICH WENDEN?

Ich hatte ja schon gesagt, dass es sinnvoll ist, wenn man in seinem Gefühlschaos und mit den vielen Fragen, die sich dann plötzlich wie ein Schreckgespenst vor einem aufbauen, nicht alleine bleibt. Such dir Gesprächspartner und hol dir Hilfe! Wenn es dir zu heikel ist, deine Themen mit den Eltern oder mit Freunden zu besprechen, dann gibt es ja immer noch die »Profis«.

Unter Suchbegriffen wie »Coming-out« oder »schwule Treffpunkte« findest du im Internet in nahezu jeder etwas größeren Stadt Anlaufstellen, die dir weiterhelfen können, Kontakte herstellen und fit darin sind, Treffen und Partys mit Gleichgesinnten zu organisieren. Du kannst dort anonym bleiben, indem du einfach nur anrufst oder eine Mail schreibst und einen Beratungstermin vereinbarst. Möglich ist aber natürlich auch, dass du vor Ort vorbeischaust und dir selbst ein Bild machst, was aus dem vorhandenen Angebot dir weiterhelfen könnte. Deine Entscheidung – nutze die Chance!

Ich habe hier einfach mal Kontaktdaten von drei solchen Anlaufstellen herausgesucht, eine in Deutschland, eine in Österreich und eine in der Schweiz:

Deutschland
In&Out
c/o Jugendnetzwerk Lambda Berlin-Brandenburg e.V.
Sonnenburger Str. 69
10437 Berlin
Tel.: +49 / 030 / 671 22 671
mailto: help@comingout.de
Internet: www.comingout.de

Österreich
Homosexuelle Initiative Wien
Heumühlgasse 14/1
A-1040 Wien
Tel.: +43 / 1 / 216 66 04
mailto: jugend@hosiwien.at
Internet: www.hosiwien.at/jugend/coming-out

Schweiz
Züricher Aids-Hilfe
du-bist-du
Kanzleistraße 80
CH-8004 Zürich
mailto: info@du-bist-du.ch
Internet: du-bist-du.ch/infopool/coming-out

DAS BIN ICH – UND WER BIST DU?
ICH IN 3 SÄTZEN UND 5 HASHTAGS!

Jedes Mal, wenn ich mir vornehme zu sparen, klappt es nicht.
Tja – vielleicht das nächste Mal.

Ich habe so viel im Kopf (manchmal hab ich das Gefühl, mein Leben
ist ein einziges Gedankenchaos aus neuen Ideen, Kreativität und
Emotionen) und bin so verpeilt, dass meine beste Freundin mittlerweile auch meine Assistentin geworden ist, die meine Termine
koordiniert und mich an wichtige Dinge erinnert.

Ich mag es nicht, wenn sich jemand eine Meinung über andere
Leute bildet, ohne diese vorher wirklich zu kennen.

#beyourselfie
#kuchenliebhaber
#autor
#musiker
#teamkatze

FINDE HERAUS, WER DU BIST!

Beschreibe dich selbst in 3 Sätzen:

_____

_____

_____

_____

_____

_____

_____

_____

_____

_____

Und jetzt wird es noch eine Nummer schwerer:
Beschreibe dich selbst mit 5 Hashtags:

#

#

#

#

#

DU VS. DEIN SPIEGELBILD

Vor ein paar Jahren noch stand ich oft vor dem Spiegel im Bade-
zimmer und hab nichts an mir gefunden, was ich wirklich mochte.
Mein Kopf war voller Selbstzweifel und eine innere Stimme flüs-
terte immer wieder, ich wäre ein Loser. Ich wäre nicht muskulös
genug, meine Beine wären zu dünn, mein Gesicht zu blass, meine
Haare zu rot und zu lockig und meine wegen der Neurodermitis
aufgekratzten Arme wären einfach nur hässlich. Ich glaubte, ich
wäre nicht gut genug. Heute weiß ich es besser. Heute kann ich
mich vor den Spiegel stellen und sehe einen selbstbewussten
jungen Mann, der voll und ganz zu sich steht.

Klar, jeder hat kleine (oder auch größere) Makel. Aber ich weiß
auch: Jeder ist auf seine Art und Weise schön. Und das Wichtigste
ist, dass du dich selbst so akzeptierst, wie du bist. Folgende Übung
kann dir dabei helfen, dich selbst besser kennenzulernen und
Freundschaft mit dir zu schließen:

Stell dich vor einen großen Spiegel, sodass du dich ganz sehen
kannst, und dann schau dich an. Betrachte dich eine Minute lang,
ohne wegzusehen, von oben bis unten, und achte auf jedes Detail.

Das bist du! Und das ist gut so!

Versuch mal, dich anzulächeln. Und dann mach ein Selfie von deinem Spiegelbild. Du kannst es auch entwickeln lassen und hier einkleben.

BASTLE DEIN GANZ PERSÖNLICHES MUTMACH-SCHILD

Was mir persönlich auch hilft, ganz besonders an Tagen, an denen die fiese, flüsternde Stimme in meinem Kopf wieder lauter wird, sind Mutmach-Sprüche! Ich hab haufenweise davon gesammelt, manche davon nur gedanklich, manche sind in meinem Smartphone abgespeichert oder handschriftlich auf Zetteln festgehalten. Manche von ihnen kleben als Mutmach-Schilder neben meinem Spiegel und sollen mich täglich daran erinnern, immer ich selbst zu bleiben und das Beste aus jedem Tag herauszuholen.

Jeder Tag ist ein neuer Anfang

Sei immer du selbst!

Pumuckl rules :-)

la-la

CARPE DIEM

Es erfordert Mut, sich für die Hoffnung und gegen die Angst zu entscheiden. Manche Menschen werden euch immer naiv nennen, wenn ihr sagt, dass ihr die Welt verändern wollt.

Mark Zuckerberg

Let the music be your master

Du kannst alles schaffen, was du willst

YAY!!!!

David

Don't worry, be happy!!!!

Hast du einen oder mehrere Sprüche, die dich motivieren und in jeder Situation aufmuntern können? Was möchtest du dir selbst mitgeben für jeden Tag?

Bastle dir ganz leicht (analog mit Stift und Papier oder am PC mit einem Grafikprogramm) dein eigenes Mutmach-Schild.

#comingout

MEIN COMING-OUT VOR MEINEM FREUND DAVID

Ich muss gestehen, dass ich mich vermutlich nie so schnell geoutet hätte, wäre David nicht gewesen. Aber fangen wir von vorne an: David und ich waren spätestens seit der Leipziger Buchmesse durch eine seltsam tiefe Freundschaft miteinander verbunden, die viel mehr sein wollte, als sie ohnehin schon war. Und ich war seither emotional gesehen ein Wrack. Alles, was ich fühlte, war total neu für mich. Alles hat sich so ... richtig und falsch gleichermaßen angefühlt.

Mit David konnte ich über alles reden. Oder eben auch nicht. Denn seltsamerweise war dieser eine Gedanke in meinem Kopf vollkommen blockiert. Zu sagen, wie ich empfand und wirklich fühlte, brachte ich nicht über die Lippen. Vermutlich, weil ich mir bis dato nicht einmal selbst eingestehen konnte, dass ich schwul und höchstwahrscheinlich in ihn verliebt war.

Trotzdem schrieben wir uns jeden Morgen – okay, eigentlich schrieben wir uns zu jeder x-beliebigen Tageszeit, aber dennoch hatten wir dieses Ritual, dass wir uns jeden Morgen auf dem Weg zur Schule eine Nachricht schickten. So auch diesen Morgen.

Ehrlich gesagt war mir schon länger klar, dass es so nicht weiter-
gehen konnte. Ich wusste, dass ich mehr für ihn empfand, als es für
einen besten Freund üblich war, und ich wusste auch, dass David
immer noch davon überzeugt war, dass ich hetero sei.

Einziges Problem: ich selbst und diese verdammte Angst vor den
Konsequenzen. Ich bin und war schon immer ein enorm introvertierter Mensch und gebe meine Meinung nur dann preis, wenn es
zwingend notwendig ist. Aber irgendetwas war an diesem Morgen
anders. Vielleicht hatte ich es satt, mir ständig einen Kopf darüber
zu machen, was ich fühlte und was ich nicht fühlen durfte. Vielleicht
hatte ich mutige Cornflakes gefrühstückt? Vielleicht war ich einfach
nur frustriert von der Gesamtsituation? Warum auch immer, seltsamerweise setzte ich an diesem Morgen alles auf eine Karte und
griff nach meinem Smartphone. Trotz der kalten Temperaturen und
des gewaltigen Schneesturms außerhalb des Busses schwitzte
ich so sehr vor Aufregung, dass ich Angst hatte, mir in der Schule
Wechselsachen besorgen zu müssen.

Ich fing also an zu tippen:

David, ich muss dir etwas sagen.

Kurz darauf erfolgte auch schon die Antwort.

Was denn?

Ich weiß nicht, aber –

Mein Herz schlug mir bis zum Hals. Ich überlegte eine Sekunde
lang, das Handy wegzustecken und ihm nach der Schule zu sagen,
ich hätte vergessen, meinen Akku vor dem Unterricht aufzuladen.
Aber dann holte ich tief Luft, stießt den Atem samt Aufregung aus
und schrieb:

Ich glaube, ich bin schwul.

Es entstand eine Pause. Eine enorm lange Pause. Ich atmete wieder
ein, die stickige Busluft, die nagenden Zweifel und die Panik.
Vermutlich waren es nur ein paar Millisekunden, bis David zurück-
schrieb, aber mir kamen sie vor wie Stunden.

Umso erleichterter war ich, als ich auf meinem Display las:

WAS?! Waaahh! Willkommen am anderen Ufer!

Das Lächeln auf meinem Gesicht nahm ich erst dann wahr, als ich
aus dem Fenster des Busses blickte und bereits dem Schulgebäude
entgegensah. Ehrlich gesagt war ich ganz froh, jetzt in die Schule
gehen zu müssen, statt mit David über meine Sexualität zu schrei-

ben. Denn genau in diesem Augenblick meldete sich mein wieder ganz klein gewordenes Selbstbewusstsein zu Wort und zwang meine Euphorie in die Knie. Ich schrieb ihm, dass ich jetzt in die Schule müsse, und schaltete mein Handy aus.

Dennoch ... mein Herz machte einen Sprung und die Haare auf meinen Unterarmen stellten sich auf. Eine Last fiel von meinen Schultern, die ich erst bemerkte, als sie bereits verschwunden war.

MEIN COMING-OUT VOR MEINER BESTEN FREUNDIN

David und ich kamen am 31. März 2016 zusammen. Niemand wusste davon, nicht einmal meine beste Freundin. Sie war gerade im Urlaub, am anderen Ende der Welt, mit sechs Stunden Zeitverschiebung. Aber als wir uns am folgenden Abend schrieben, kam es plötzlich über mich. Ich schickte ihr ein Bild von David und mir (wie es sich für einen waschechten Influencer nun mal gehört). Küssend. Auf einer Parkbank. Einfach so. Ohne Untertitel. Ohne Kontext. Ich redete mir ein, dass sie sich auf jeden Fall freuen würde. Dass sie es auf jeden Fall verstehen würde. Immerhin war sie meine beste Freundin. Oder?

Als sich der Status auf WhatsApp jedoch nicht zu schreibend veränderte, begannen meine Hände plötzlich zu schwitzen. Mein Herz pochte mir gegen die Rippen und für eine winzige Sekunde bereute ich es, ihr so früh von David und mir erzählt zu haben. Doch die Antwort, die zuerst ausblieb, kam einen Moment später mit voller Wucht, in Großbuchstaben zurück:

WAAAAS?!
Oh mein Gott!
Wirklich? Wirklich?!
Verarsch mich nicht!
Ich schwöre, wenn das ein Prank ist!!
OMG, ich freue mich so sehr für euch!

Mein Herz machte einen Satz und mein Mund formte unaufhaltsam und wie von selbst ein breites Lächeln. Erleichterung machte sich breit. Und kurze Zeit später rief sie vom anderen Ende der Welt an und kreischte mir einen Tinnitus ins Ohr. Und ich kreischte zurück. Und freute mich, die beste – die allerbeste – Freundin der Welt zu haben.

MEIN COMING-OUT VOR MEINER MOM

Das bedeutendste und vermutlich schwerste Outing aller Zeiten brachte ich zuletzt über mich. Vor meiner Mom. Vor der Frau, die mich ihr Leben lang in dem Glauben großgezogen hat, dass ich hetero sei. Und um ehrlich zu sein, hätte ich mich vermutlich lange Zeit nicht vor meiner Mom geoutet, wäre da nicht etwas dazwischengekommen, wobei ich unbedingt auf ihre Unterstützung setzen musste.

Ich kann behaupten, dass mich bis heute nichts – absolut und rein gar nichts – so sehr getroffen und verletzt hat wie das Ereignis, das sich im Juni 2016 abgespielt hat. Ich bin noch nie so tief gefallen. Habe mich noch nie so schwergetan, wieder auf eigenen Beinen zu stehen und zu lernen, selbstständig zu laufen.

David und ich hatten uns gestritten – so sehr wie noch nie. Zwischen uns lagen 300 Kilometer Zugstrecke, d. h., sich regelmäßig zu sehen und Zeit zusammen zu verbringen stellte sich als ziemlich schwierig heraus. Und es frustrierte uns, dass wir uns nicht mal halb so oft besuchen konnten, wie wir es gerne wollten. Um ehrlich zu sein, war die geografische Entfernung zwischen uns aber nicht das einzige Problem. Wir waren jung und frisch verliebt – gerade einmal zwei Monate zusammen. Und die Tatsache, dass uns diese verdammten 300 Kilometer trennten, half mir nicht gerade dabei, David vollends und aus ganzem Herzen zu vertrauen. Ich will nicht lügen: Mein Freund sieht gut aus, das ist nicht nur mir bewusst.

Und ich hatte oft Angst, von ihm betrogen zu werden (wozu es allerdings nie kam, keine Sorge). Oft war ich so dermaßen verunsichert, nicht zu wissen, was bei David passierte und mit wem er sich traf, nicht bei ihm sein zu können, dass ich wütend und eifersüchtig wurde. Ich hab das so direkt nie angesprochen. Also staute sich alles an. Sämtliche Gefühle und Emotionen – all die Unsicherheit und die Fragezeichen in meinem Kopf, die ich nie ansprach –, bis zum großen Knall.

Bis David mit mir Schluss machte.

Und ich anfing zu fallen.

Ich weiß nicht, wie. Aber ich fiel und fiel und fiel und fand keinen Halt mehr. Es fühlte sich an, als wäre ich in einem Moment gefangen, der sich wiederholte, immer und immer wieder, lautlos und schmerzhaft und ohne Ende in Sicht. Alles an mir fühlte sich so unglaublich schwer an. Als wären all meine Muskeln eingeschlafen, als könnte ich keinen von ihnen mehr bewegen, niemals. Nur diese drei Worte von David in meinen Ohren, die sich schallend und qualvoll wie ein Echo in meinen Gedanken widerspiegelten. Total am Ende zu sein wäre die sanfte Art und Weise, um das zu beschreiben, was in mir vorging.

Viele Elemente der anderen Coming-out-Geschichten sind nicht wortgetreu, sondern nur so, wie ich sie in Erinnerung behalten habe. Aber das Outing vor meiner Mom hat sich so sehr in mein Herz gebrannt, dass ich noch in 20 Jahren wiederholen könnte, was zwischen uns passiert ist. Ich erinnere mich genau, wie ich meine Mom von einem Telefonat wegzog, ihre Hand umklammernd in mein Zimmer lief und sie auf der Bettkante neben mir platzierte. Ich war so aufgebracht, dass ich für einen Moment das Atmen vergaß und hysterisch nach Luft schnappte.

»Mom, ich muss dir was erzählen«, brachte ich mit allergrößter Mühe über meine Lippen. Ich wollte mich nicht vor ihr outen, noch nicht, aber sie war die Einzige, mit der ich über mein gebrochenes Herz und die immer größer werdende Wut in meinem Bauch sprechen konnte – und wollte. Doch genau in diesem Augenblick fiel mir das Reden schwer. Sollte ich wirklich? Was, wenn sie mich dann hasste? Was, wenn sie mich danach verstoßen würde? Ich hatte doch nur sie. Es gab nur sie und mich. Mich und sie. So war es schon immer. Meinen leiblichen Vater hatte ich nie kennengelernt, da er, noch bevor ich geboren wurde, die Flucht ergriffen und uns im Stich gelassen hatte.

Ich konnte ihr nicht in die Augen sehen, also schaute ich aus dem Fenster und ballte meine Hände zu Fäusten. Etwas Unsichtbares trieb mich voran und die Worte schossen in so schneller Geschwindigkeit aus meinem Mund, dass mein Gehirn selbst ein paar Sekunden brauchte, um zu verstehen, was ich gerade von mir gegeben hatte. »Es ist mir total egal, was du über mich denkst oder ob du mich noch lieb hast oder nicht. Ich bin mit David zusammen und er hat vorhin mit mir Schluss gemacht. Ich weiß nicht, was ich machen soll. Hilf mir, bitte!«

Stille.
Keiner sagte ein Wort.
Stille.
Mein Herz schlug gegen meine Rippen.
Stille.

»Schreib ihm«, war das Einzige, was sie sagte. Ihr Blick war starr und in die Ferne gerichtet. Als würde sie durch mich hindurchsehen. Sie nahm mich nicht in den Arm oder tröstete mich. Andererseits verstieß sie mich auch nicht oder weinte.

Sie reagierte schlichtweg nicht.

Am selben Abend schrieb ich David einen Brief, den ich aber nie abschickte. Denn am nächsten Tag rief er mich an und entschuldigte sich und sagte, dass es eine Kurzschlussreaktion gewesen sei.
So ließen wir es stehen. Zwar gab es da etwas, was uns für die nächsten Tage ein Stück weit voneinander trennte, aber nach einiger Zeit war alles vergeben und vergessen.

Meine Mom hingegen brauchte sehr viel Zeit, bis sie das mit David und mir einigermaßen akzeptierte. Aus Tagen wurden Wochen. Ich wusste, ohne dass sie es gesagt hätte, dass sie mich verurteilte und lieber ein Mädchen an meiner Seite gesehen hätte, aber ich war ihr nicht böse. Ich wusste, dass sie mit dem Bild einer glück-lichen Kleinstadt-Familie, bestehend aus Mann, Frau und Kind, großgezogen wurde. Sie konnte also gar nichts dafür – irgendwie. Genauso wenig wie ich. Ich habe mir schließlich nicht ausgesucht, schwul zu sein. Ich wollte, dass sie mich so akzeptiert, wie ich bin. Also musste ich im Gegenzug wohl genauso akzeptieren, dass sie Zeit brauchte und es von wenig Nutzen war, sie unter Druck zu setzen.

Heute ist alles ganz anders. Meine Mom und ich sind uns so nah, wie wir es noch nie waren. Nicht in all den 18 Jahren. Anfangs wirkte es zwar so, als wollte sie mich so nicht in ihrem Leben haben, aber mit der Zeit hat sie verstanden, dass ich mich zu keinem Zeitpunkt verändert habe. Dass ich lediglich einen weiteren Teil meiner Persönlichkeit preisgegeben habe, was letztlich dazu geführt hat, dass wir heute ein absolutes Dream-Team sind und uns in allem, was wir tun, ergänzen.

COMING-OUT VOR MEINEN YOUTUBE-FOLLOWERN

Seltsamerweise hatte ich mit am meisten Angst davor, mich vor denjenigen zu outen, die mich beinahe jeden Tag begleiten: meinen Followern auf YouTube.

Ich hab das nie offiziell gemacht, das obligatorische und klassische Video namens »Coming-out« habe ich komplett übersprungen und stattdessen ein Video zum sogenannten »Boyfriend Tag« veröffentlicht. Ich habe lange mit mir gehadert, ob ich das Video posten soll oder nicht, und war furchtbar aufgeregt. Ich hab mit dem Schlimmsten gerechnet, mit einer Welle von Hate-Kommentaren und Beschimpfungen, aber nicht damit, quasi sekündlich die Seite zu aktualisieren und zu sehen, dass Schlag auf Schlag immer mehr Leute auf das Video klickten und überwiegend positive Meinungen hinterließen – ich kann noch heute nicht beschreiben, wie erleichtert ich in diesem Moment war.

Ich hätte nie, niemals damit gerechnet, auf so viel Anklang zu stoßen, wie es letztlich der Fall war. So viele Menschen fanden Bestätigung durch das Video und wollten mehr Content zum Thema »Homosexualität«. Wollten wissen, wie es dazu gekommen war, wie ich mit der ganzen Situation klarkäme und wie meine Familie die Neuigkeiten aufgenommen hatte.

Also produzierte ich nach und nach Videos, in denen ich über die genannten Probleme sprach und mein Leben irgendwie in Videos mit Tipps und Tricks packte (mittlerweile gibt es auch eins zu meinem persönlichen Coming-out). Ich sprach beispielsweise über das unvermeidliche Coming-out vor den Eltern und wie man agieren und handeln könnte, falls sich die Eltern dazu entscheiden sollten, das eigene Kind nach einem sehr mutigen und aufopfernden Outing links liegen zu lassen. So viele meiner Zuschauer schrieben mir ihre Probleme und bedankten sich anschließend bei mir für meine Ratschläge. Und ich kann gar nicht beschreiben, was für ein tolles Gefühl es ist, zu wissen, dass ich mit meiner eigenen, sehr holprigen und unbeholfenen Geschichte helfen kann.

MEINE OUTING-TIPPS

1. Ein Outing ist nicht zwingend notwendig. Du machst es nur für dich und für niemanden sonst. Und wenn du dich gar nicht outen willst, musst du es auch nicht tun.

2. Denk immer daran, dass dein Outing etwas Positives ist und du dich im Nachhinein freier fühlen wirst – egal, wie dein Gegenüber die Info aufnimmt.

3. Bevor du dich outest, schreib dir Notizen, was genau du sagen möchtest. Es hilft auch, das Gespräch laut mit sich selbst zu üben.

4. Versuch, eine geeignete Situation abzupassen. Ein Coming-out braucht immer Zeit und Ruhe und sollte nicht zwischen Tür und Angel passieren.

5. Solltest du unfreiwillig geoutet worden sein, bewahre die Ruhe. Bitte deine engsten Freunde und deine Familie um ein Gespräch, um nach dem Zwischenfall noch einmal ungestört über das Thema und deine Anliegen sprechen zu können.

6. Hab ein wenig Geduld! Dein Gesprächspartner ist vielleicht ebenso überfordert und aufgeregt wie du.

7. Diejenigen, die dich auch, lange nachdem du dich geoutet hast, nicht so akzeptieren, wie du bist, brauchst du vielleicht wirklich nicht in deinem Leben. Lass sie ziehen!

BESIEGE DEINE INNEREN ÄNGSTE

Es ist ganz normal, Angst vor dem Coming-out zu haben. Die hatte ich auch. Und die werden du und ich auch in der Zukunft noch in anderen Situationen haben. Das Wichtigste dabei ist, dass du dich von ihnen nicht komplett gefangen nehmen lässt, dass du dich ihnen stellst. Das fängt damit an, dass du dir genau bewusst machst, wovor du eigentlich Angst hast; dass du dir sozusagen ein Worst-Case-Szenario ausdenkst (das vermutlich nie und niemals eintreten wird!) und den Kern deines Angstgefühls ganz genau beim Namen nennst. Dir wird auffallen, dass man den meisten Ängsten entgegenwirken kann – allein oder mit einer gewissen Portion Hilfe.

Schreib deine Ängste auf (egal, wovor du gerade Angst hast. Sei es nun das Coming-out vor dem besten Freund oder eine schlechte Note, die den Eltern vermittelt werden muss) und überleg im Anschluss, welchen Ängsten du dich alleine stellen kannst und wo du Hilfe brauchst.

Meine größte Angst war zum Beispiel, nicht mehr von meinen Eltern geliebt zu werden. Oder aber, dass ich als ganz anderer Mensch wahrgenommen werde und anders behandelt werden würde. Vor allem hatte ich Angst vor der Reaktion meiner kleinen Schwester, weil ich irgendwie eine Vorbildfunktion für sie erfülle und Angst hatte, dass sie vielleicht enttäuscht von mir sein könnte.

Meine Ängste:

	Lässt sich alleine klären:	Brauche ich Hilfe:
_____	☐	☐
_____	☐	☐
_____	☐	☐
_____	☐	☐
_____	☐	☐
_____	☐	☐
_____	☐	☐
_____	☐	☐
_____	☐	☐
_____	☐	☐
_____	☐	☐
_____	☐	☐
_____	☐	☐

Lässt
sich alleine   Brauche
klären: ich Hilfe:

	Lässt sich alleine klären:	Brauche ich Hilfe:
	☐	☐
	☐	☐
	☐	☐
	☐	☐
	☐	☐
	☐	☐
	☐	☐
	☐	☐
	☐	☐
	☐	☐
	☐	☐
	☐	☐
	☐	☐

#antiklischeedenken

VORURTEILE GEGENÜBER SCHWULEN – WOHER KOMMEN SIE UND WAS IST AN IHNEN DRAN?

Vorurteile gegenüber Schwulen gibt es seit vielen Jahrhunderten. Teilweise reichen sie sogar bis zurück ins Mittelalter. Und sie haben sich teilweise hartnäckig bis heute gehalten. Das ist genau wie bei allen Vorurteilen: Sind Behauptungen erst einmal in die Welt gesetzt, dann übernehmen sie viele Menschen, ohne groß über den Wahrheitsgehalt nachzudenken. Und obwohl viele in unserem aufgeklärten Zeitalter hart daran arbeiten, diese Vorurteile aus der Welt zu schaffen, begegnet man ihnen immer wieder.

1. Schwule sind besonders sensibel

Diese Aussage gehört ins Reich der Klischees. Es gibt sicherlich ebenso viele sensible Schwule wie Hetero-Männer – bei den Unsensiblen verhält es sich umgekehrt genauso.

2. Schwule wollen immer nur Sex

Auch hier kann man nicht alle Schwulen über einen Kamm scheren. Das hängt immer von den Partnern selbst ab und davon, welchen Stellenwert der Sex in ihrer Beziehung hat. Es gibt eben Menschen, denen – unabhängig davon, ob sie homo- oder heterosexuell veranlagt sind – Sexualität sehr wichtig ist, und andere, bei denen Sexualität eine eher untergeordnete Rolle spielt.

3. Schwule benehmen sich immer weiblich oder tuntig

Es gibt tatsächlich Schwule, die sich sehr weiblich geben und das durch ihr Verhalten, ihre Kleidung und das Make-up demonstrieren. Andere Schwule wiederum geben sich betont männlich. Und die überwiegende Anzahl aller schwulen Männer steht irgendwo dazwischen und wirkt absolut »normal«.

Vorurteile gegenüber Schwulen zusammengestellt:

4. Homosexualität ist eine Krankheit

Dieses Vorurteil ist wirklich ein Überbleibsel aus dem Mittelalter und stimmt natürlich nicht! Jeder Mensch sollte seine sexuellen Neigungen so ausleben dürfen, wie es für ihn und seinen Partner richtig ist. Egal ob schwul oder hetero: Beides hat nichts mit Krankheit zu tun.

5. Nur Schwule können Aids bekommen

Das ist einfach falsch! Es gibt derzeit weitaus mehr heterosexuelle Menschen, die mit HIV infiziert sind, als homosexuelle.

Und wenn du wissen willst, mit welchen Vorurteilen ich selbst schon konfrontiert wurde – ich habe mal darüber nachgedacht und das ist dabei herausgekommen:

Schwule haben einen überwiegend weiblichen Freundeskreis (ich kann aus meinem Umfeld sagen: für mich stimmt das).

Schwule MÜSSEN gut im Shoppen sein (na ja, also ich persönlich hasse Shoppen ...).

Schwule sind meist sehr kritisch in Bezug auf ihr Äußeres (stimmt bei mir absolut).

Schwule denken ständig nur an Sex. (Mhhh ... kann sein – ich nicht. Nur manchmal. Ich schwöre es!)

Alle Schwulen haben eine stärkere weibliche als männliche Seite (das würde ich so nicht sagen; siehe auch Punkt 3).

Schwule mögen es bunt und schrill (das kommt total auf den Typ an. Ich z. B. mag eher die gedeckteren Farben).

Schwule mögen keinen Sport. (Ich persönlich gehe seit 1,5 Jahren viermal die Woche ins Fitnessstudio.)

FALLEN DIR WEITERE SCHWULEN-KLISCHEES EIN,
DIE KOMPLETTER BLÖDSINN SIND?
GIBT ES AUCH KLISCHEES, DIE DU ERFÜLLST?

#stopmobbing?

MEINE ERFAHRUNG MIT MOBBING

Mobbing ist etwas, das mich schon mein Leben lang begleitet. Schon im Kindergarten haben sich die anderen über mich lustig gemacht. Und auch während meiner Realschulzeit gab es einige Mitschüler, die ständig über meine Haarfarbe und meine blasse Haut lästern mussten. Sie nannten mich »Pumuckl« oder »Karotte«, taten so, als hätte ich »blöder Rotschopf« auf dem Schulhof ohnehin nichts zu melden. Was mit harmlosen Spitznamen anfing, über die ich zunächst selbst noch lachte und relativ leicht hinwegsehen konnte, wurde irgendwann zu einer ernsthaften Qual.

Mehrmals wurden mir Kleidungsstücke während des Sportunterrichts weggenommen. Mir wurde ein- oder zweimal im Winter in der Umkleidekabine in die Schuhe gepinkelt und vieles mehr. Vor allem im Sportunterricht – ganz besonders beim Schwimmen – hatten sie es auf mich abgesehen und mir ständig Sprüche wie »Schau dich doch mal an! Was bist du eigentlich für einer?« oder Ähnliches reingedrückt. Weil ich rote Haare hatte? Weil ich blass und spindeldürr war? Weil ich sensibel und schüchtern war und nicht den Mut aufbrachte, mich zu wehren? Vieles nahm ich einfach so hin oder konterte auf so niedrigem Niveau, dass ich es besser hätte lassen sollen.

Irgendwann, ab der 9. Klasse vielleicht, kamen dann Kommentare dazu wie »Dich umarme ich lieber nicht, du bist schwul!« oder »Schau mich ja nicht zu lange an, Schwuchtel!«. Damals war ich mir selbst noch nicht darüber im Klaren, wer ich war und auf wen oder was ich stand. Seltsamerweise waren die anderen sich jedoch zu hundert Prozent sicher, dass ich schwul war. Und verurteilten mich dafür. Damals verleugnete ich jeden einzelnen dieser Kommentare, ich wollte weder »schwul« noch »schwach« sein, ich wollte dazugehören. Ich habe wirklich versucht, so zu tun, als wäre mir das alles egal. Habe hier und da über die »Witze« der anderen gelacht oder habe versucht, cool und lässig zu reagieren, als würde es mir überhaupt nichts ausmachen. Als würden sie über eine andere Person reden und ihre Witze auf Kosten anderer machen. Aber es hat definitiv etwas in mir verändert. Sehr sogar. Ich lag teilweise nächtelang wach, bekam Neurodermitis und wollte irgendwann gar nicht mehr in die Schule gehen. Ich stand nach dem Zähneputzen oder in der Früh vor dem Spiegel und suchte nach irgendeiner Lösung, um dem Mobbing zu entkommen. Ich schaute an mir herab und wieder hinauf und scannte meinen Körper, wobei ich immer unsicherer wurde. Irgendwann schämte ich mich für mich selbst. Für meinen Körper. Dafür, wer ich war und was ich fühlte. Mittlerweile weiß ich, dass ich rein gar nichts falsch gemacht habe. Dass ich einfach nur ein Junge war, der, genau wie alle anderen auch, zur Schule ging, um seinen Abschluss zu machen.

Aber für alle anderen war ich eben nicht wie jeder andere Junge aus meiner Klasse – noch dazu lebte ich auf dem Dorf, wo »anders sein« sowieso komisch kommt. Und schwul war man hier auf gar keinen Fall. Ich konnte nichts für Jungs empfinden, das gehörte sich einfach nicht. Ich hab mich durch die Schule gequält, habe das alles mit mir selbst ausgemacht, eine dicke Mauer um mich herum aufgebaut und nie nach Hilfe gefragt. Nicht bei meiner Mom. Nicht bei meinem Klassen- oder Vertrauenslehrer. Nicht einmal bei den wenigen Freunden, die ich hatte. Heute weiß ich, dass ich das hätte tun sollen. Jetzt – nachdem ich all das hinter mir gelassen habe – weiß ich, dass man nicht allein auf dieser Welt ist. Dass man nicht alleine kämpfen muss. Und – netter Nebeneffekt: Der Rest der Welt schrumpft meistens sowieso, wenn man nicht mehr allein dasteht. Mein Tipp also an alle, die selbst mit Mobbing zu kämpfen haben:
Holt euch Hilfe! Und haltet durch! Ich bin mir sicher, dass irgendwann jemand in euer Leben kommen wird, der euch genau für das liebt, über das sich andere früher lustig gemacht haben.

Und P. S. : Ich bin fest davon überzeugt,
dass Karma wirklich existiert!

5 TIPPS, WIE DU DICH ALS MOBBINGOPFER WEHREN KANNST

1. Versuch, nicht hinzuhören, und das, was dir an den Kopf geworfen wird, nicht zu persönlich zu nehmen (auch wenn's schwerfällt). Du bist toll, so wie du bist! Lass dir von niemandem etwas anderes einreden!

2. Fake it till you make it! Strafe den Mobber mit Verachtung und lass dir nicht anmerken, dass dir sein Verhalten etwas ausmacht. Das ärgert und verunsichert ihn stärker, als wenn du darauf eingehst und vermutlich noch weich wirst.

3. Es gibt nichts, wofür du dich rechtfertigen oder verteidigen müsstest. Wenn du auf blöde Sprüche konterst, dann schlagfertig.

4. Sprich mit deinen besten Freunden darüber und friss nicht alles in dich hinein. Du musst das nicht alleine durchstehen.

5. Such dir Hilfe bei einem Erwachsenen, zum Beispiel deinen Eltern oder dem Vertrauenslehrer – und wenn das für dich nicht infrage kommt, dann wende dich an eine Beratungsstelle in deiner Nähe.

DIE BESTEN KONTER AUF BLÖDE SPRÜCHE

Das trifft mich ganz schön hart. Fast so sehr wie Wackelpudding.

Was ist denn bei dir schiefgelaufen?!

Ich hatte schon interessantere Gespräche mit meiner Katze.

… und jetzt?

Danke für das Kompliment.

Ich mag deinen Humor.

Wow, das tut mir wirklich leid für dich.

HIER IST PLATZ FÜR DEINE BESTEN KONTER AUF BLÖDE SPRÜCHE

#davico

Jede Beziehung hat ihre eigene Geschichte. So auch die von mir und meinem Freund. Dennoch muss ich sagen, dass sie nicht so verlaufen ist bzw. verläuft, wie man es vielleicht aus Hollywood-filmen kennt. Aber möglicherweise ist sie gerade auch deshalb hollywoodreif, weil sie eben nicht so ist wie alle anderen. Wobei ich glaube, dass jede Beziehung auf ihre eigene Art und Weise ganz besonders ist.

Dennoch – mein Freund und ich hatten nie wirklich ein normales Date bei Kerzenschein, in einem noblen Restaurant, das vom Mond-licht beschienen wird. Anfangs haben wir uns wie Roboter bewegt und uns auch so verhalten, bis wir uns schließlich immer näher- und letztlich zusammenkamen. Und dennoch kamen wir uns durch die Fernbeziehung immer getrennt vor – wie Doppelagenten, die zwei Leben leben.

Aber wenn man mich heute fragen würde, was ich an unserer Be-ziehung ändern würde ... ich würde alles genauso lassen. Ohne Veränderungen. Ohne Verrenkungen. Denn das, was mein Freund und ich alles zusammen erlebt haben, ist genau das, was uns zu dem gemacht hat, was wir heute sind. Ein glückliches Paar, das sich in jeder Hinsicht vertraut.

SO HABEN WIR UNS KENNENGELERNT

Fängt man chronologisch an, haben wir uns im November 2015 übers Internet kennengelernt. Mein Freund war bereits seit einiger Zeit auf YouTube vertreten und gegen November entschied ich mich, ebenfalls einen eigenen Kanal zu erstellen und mich selbst an Videos zu probieren. Mit der Zeit abonnierte ich immer mehr Kanäle, die irgendwie meinen Interessen entsprachen. Und irgendwann abonnierte ich den Kanal meines jetzigen Freundes »David Milan«. Ich schaute seine Videos und fand immer mehr Gefallen an der Art, wie er redete; an seiner Freude und seiner Ausstrahlung. Dass ich ein unglaublich schüchterner und introvertierter Mensch bin, hielt mich seltsamerweise nicht davon ab, David auf Facebook – ich weiß, ich werde alt – anzuschreiben.

Ich schrieb nicht wirklich viel – und es war vermutlich auch sehr sinnfrei. Aber ich schrieb ihm. Und er wusste somit, dass es mich gab. Ich hatte zugegebenermaßen auch nicht wirklich mit einer Antwort gerechnet – aber sie kam. Und zwar freundlicher und offener, als ich es je für möglich gehalten hätte.

In nur wenigen Tagen schrieben David und ich seitenlange Romane und teilten uns über den jeweils anderen so viel mit, dass ich das Gefühl hatte, David von Grund auf zu kennen. Irgendwann wechselten wir zu WhatsApp über und schrieben und schrieben und schrieben.

Eines Abends rief er mich an. Mein Telefon klingelte und klingelte, aber ich konnte mich einfach nicht dazu überreden, den Anruf anzunehmen. Etwas in mir hinderte mich daran – vermutlich die Angst, etwas Falsches zu sagen, seltsam zu reagieren oder schlichtweg alles zu zerstören, was wir aufgebaut hatten. Schreiben war das eine, aber telefonieren ... eine ganz andere Ebene. Und mein damals introvertiertes, unsicheres Ich wusste nicht, wie es mit dieser Situation umgehen sollte. War total überfordert – das könnt ihr mir glauben.

Dennoch nahm ich schließlich ab und hauchte dem Hörer ein schüchternes »Hallo« entgegen.

Das war einer der vielen Steine, der alles ins Rollen brachte. Seit diesem Moment gab es beinahe keinen einzigen Tag seit fast drei Jahren, an dem wir nicht miteinander telefonierten. Wir brachen persönliche Rekorde von 6-Stunden-Gesprächen und er wurde zu einem immer wichtigeren Teil meines Lebens. Sehr schleichend und langsam, aber dennoch so prägnant und eindrucksvoll wie Schnee nach einem langen, heißen Sommer.

Und eines Tages entdeckte ich auf YouTube den »Tauschpaket-Trend«, bei dem man ein gewisses Budget ausmacht und für den jeweils anderen ein Paket mit Dingen zusammenstellt, die der andere möglicherweise mag.

Und so kam es, dass David und ich uns am 5. Februar 2016 in unserer geografischen Mitte – Ulm – trafen und wir dem jeweils anderen zum ersten Mal persönlich in die Augen sahen. Zugegeben war ich mehr als nur ein wenig aufgeregt. Ich war 16 Jahre alt – die einzigen Freunde, die ich kannte, wohnten in der näheren Umgebung. Und natürlich kannte ich David irgendwie – aber eben nur aus dem Internet und vom Telefonieren. Und ihn nun vor mir stehen zu sehen, wo er dieselbe Luft atmete wie ich, brachte mich kurzzeitig ins Wanken.

Nach einer äußerst peinlichen und sehr steifen Begrüßung schlenderten wir durch die Straßen Ulms und verbrachten viel Zeit miteinander. Am Tisch eines Restaurants übergaben wir uns unsere Tauschpakete und packten sie im selben Atemzug aus. Dinge, über die wir vielleicht ein- oder zweimal einen Kommentar verloren hatten, fanden sich im Tauschpaket wieder – Bücher, Filme, persönliche Briefe und vieles mehr.

Wir redeten und redeten und mit der Zeit musste ich immer öfter auf meine Uhr starren. Nicht, weil ich wollte, dass David endlich ging, sondern weil ich wollte, dass dieser Tag niemals enden sollte.

Doch das tat er. Am späten Abend standen wir am Bahnhof und warteten auf zwei unterschiedliche Züge. Wir wussten beide nicht, wie wir uns vom jeweils anderen verabschieden sollten, und blieben wie angewurzelt stehen. Bis ich ihn fragte, ob ich ihn umarmen dürfte. Er grinste – und nickte.

Und von da an war das Eis gebrochen.

WIE AUS FREUNDSCHAFT LIEBE WURDE

Nach unserem ersten Aufeinandertreffen vergingen Tage und Wochen, bis wir uns wiedersahen, und somit auch stundenlange Telefonate, tausendzeilige Chatverläufe und eine ganze Menge Austausch zwischen uns beiden. Ich hatte das Gefühl, über David in den vergangenen Monaten mehr erfahren zu haben als über manche Freunde, die ich jeden Tag sah.

Irgendwann erzählte mir David von der Leipziger Buchmesse – eine Veranstaltung, bei der sich sämtliche Buchverrückte trafen, um über Bücher zu reden und sich mit Verlagen auszutauschen.

Zunächst war ich skeptisch, da ich nicht wusste, wie ich den Trip zusammen mit David finanzieren sollte, aber ich wollte unbedingt mit nach Leipzig – in erster Linie, um David wiederzusehen.

Also sagte ich zu und wir buchten ein Hotel. Der Haken an der Sache war, dass keiner von uns beiden zu diesem Zeitpunkt wusste, dass das Bett, in dem wir schlafen würden, ein Doppelbett war.

Ich fuhr mit dem Zug zu David (das erste Mal in einem ICE) und wurde von ihm am Gleis empfangen. Es fühlte sich irgendwie seltsam und ungewohnt an, wieder in seiner Nähe zu sein. Schon beim letzten Mal in Ulm musste ich mich daran gewöhnen, dass David nicht nur ein virtuelles Hirngespinst in meinem Handy und meinem Kopf war, sondern wirklich existierte – und das war schwerer als gedacht, wirklich. Es dauerte ein paar Stunden, bis ich mich wieder vollends darauf einlassen und ich selbst sein konnte.

Introvertiert. Wie gesagt.

Bei ihm zu Hause schlief ich auf einem Beistellbett ein. Doch zuvor redeten wir über die kommenden Tage auf der Buchmesse; über das, was wir erleben und wen wir alles treffen würden. Und ich muss gestehen, dass mein Blick immer wieder zu Davids Spiegel wanderte, um zu überprüfen, ob meine Haare noch saßen, ob meine Haut in Ordnung war, ob meine Kleidung saß ... – mein Kopf hörte nie auf, sich Gedanken zu machen, und war ständig in Bewegung. Dennoch schaffte ich es irgendwann einzuschlafen.

Ich will nicht lügen: Auch hier glichen die Tage keinem Hollywoodfilm. Nicht, weil wir uns ständig stritten, sondern weil es für mich die erste große Reise alleine und ohne Elternteil war und ich von Flugzeugen, Check-ins und Hotels so wenig Ahnung hatte wie Fische vom Atmen an Land. Und dennoch war der Trip nach Leipzig einer der schönsten, die ich zu diesem Zeitpunkt womöglich hätte erleben können.

Die Nacht verbrachten wir im besagten Doppelbett. Natürlich war ich alles andere als entspannt. Unsere Körper berührten sich hier und da. Ich glaube mich zu erinnern, dass ich David nach einer nächtlichen Drehung sehr nah kam, aber das kann ich mir auch eingebildet haben. Und als er mir »Gute Nacht« entgegenflüsterte, berührte er mit seiner Hand meinen Arm. Im selben Moment jagte eine seltsam statische Ladung durch meinen Körper und ich war hellwach. Dinge und Gefühle, die ich nie für möglich gehalten hätte, wurden plötzliche Realität.

DER ERSTE KUSS

Nach der Buchmesse und auf dem Weg zurück fühlte ich mich unsagbar leer, obwohl die Busfahrt von Leipzig zurück nach Stuttgart mit Abstand die schönste war, die ich je erlebt habe. Mein Kopf ruhte auf Davids Schultern und ich genoss seine Nähe und Wärme. Doch selbst da verleugnete ich vor mir selbst, dass sich zwischen David und mir etwas entwickelt hatte.

Als ich wieder zu Hause angekommen war, fühlte ich mich leerer als leer. Als gäbe es nur das Wochenende in Leipzig und alles andere wäre egal. Ich wollte David unbedingt wiedersehen, auch wenn ich mich die ganze Zeit über fragte, was mit mir los war. Ständig dieses Kribbeln im Bauch, ständig ein Lächeln auf den Lippen, wenn ich an David dachte. Und als ich ihn fragte, ob er Lust hätte, Ostern bei mir zu verbringen, da meine Eltern Urlaub in Nürnberg machten, sagte er kurzerhand zu.

David fuhr am Osterwochenende 2016 zu mir.

Er ging duschen, während ich zurück in mein Zimmer ging und darauf achtete, normal zu atmen, meinen Herzschlag zu verlangsamen und mich schlichtweg zu freuen, ihn endlich wieder bei mir zu haben.

Als er mit dem Duschen fertig war, schauten wir zusammen fern. Besser gesagt: Es lief irgendwas auf dem Bildschirm im Wohnzimmer, während David und ich über alles Mögliche redeten. Ab und zu berührte seine Hand meinen Arm oder einer meiner Finger seinen Handrücken. Einer seiner Füße mein Bein. Es herrschte die ganze Zeit kribbelnde Spannung zwischen uns.

Heute kann ich sagen, dass der einzige Grund, weshalb ich so zurückhaltend war und nichts unternommen hatte, war, dass ich furchtbare Angst hatte, auf eine Mauer zu stoßen und meinen besten Freund zu verlieren.

Die Nacht verbrachten wir zusammen in meinem Bett. Und was soll ich sagen: Es war wunderschön. Unbeholfen und sehr ungewohnt. Aber wunderschön.

Der nächste Tag fühlte sich wie ein neues Kapitel für uns beide an. Davids Augen schienen heller zu leuchten als noch am Tag zuvor, sein Grinsen war breiter und sein Körper rückte näher an meinen heran, als es zuvor der Fall gewesen war. Und als wir am Abend zusammen kochten, dabei Musik hörten und mit schiefen Tönen mitsangen, da passierte es. Ich drehte mich vom Herd weg und stand plötzlich direkt vor ihm. Sein Gesicht war nur wenige Millimeter von meinem Gesicht entfernt. Statt zur Seite zu gehen, um mich vorbeizulassen, blieb David standhaft stehen und musterte mich von oben bis unten. Und ohne auch nur ein Wort darüber zu verlieren, was gerade vor sich ging, wurden unsere Körper immer enger aneinandergepresst, bis unsere Lippen aufeinandertrafen und wir uns küssten. Ein Feuerwerk in meiner Magengegend. Ich wollte, dass dieser Moment niemals auch nur daran denken würde zu enden. Aber natürlich mussten wir irgendwann wieder Luft holen. Als sich unsere Lippen schließlich wieder voneinander lösten, lachten wir – bevor wir uns ein weiteres Mal küssten.

SO SIND WIR ZUSAMMENGEKOMMEN

Ein paar Tage vergingen und David und ich
trafen uns voller Sehnsucht erneut in Ulm.

Dort kamen wir zusammen.
Am 31. März 2016.

MEIN ERSTES MAL

Zwei Monate, nachdem David und ich zusammengekommen sind, flogen wir nach London. Unser erster gemeinsamer Urlaub. Wir verbrachten eine unglaublich schöne Woche zusammen.

Wann mein erstes Mal war? Jetzt wisst ihr es!

Aber ich möchte nicht wirklich genauer darauf eingehen. Es ist der innigste und schönste Moment, den ich bisher hatte, und einen so schönen und innigen Moment zu teilen ist mir einfach zu persönlich. Einmal davon abgesehen, dass diesen Moment zu beschreiben sowieso unmöglich scheint. Es würde der Zeit in London einfach nicht gerecht, auf so wenigen Zeilen ein so enormes Gefühlskarussell niederzuschreiben. Aber dennoch kann ich freudig und voller Stolz behaupten, dass ich mir keinen besseren Partner und keinen besseren Zeitpunkt für mein erstes Mal hätte vorstellen können.

Meine Tipps rund ums Thema Flirten und Daten

WO UND WIE FINDE ICH DEN RICHTIGEN?

Ich glaube nicht, dass man den Richtigen oder die Richtige findet, wenn man krampfhaft danach sucht. Meinen Freund habe ich zum Beispiel kennengelernt und mir nichts dabei gedacht – mit der Zeit hat sich dann eben mehr entwickelt als bloße Freundschaft. Ich will damit nicht sagen, dass man zuerst einen Freund braucht, um ihn anschließend lieben zu können, aber einer der ersten Schritte sollte auf jeden Fall sein, nicht darüber nachzudenken, einen geeigneten Partner zu finden. Auf Krampf und Zwang wurde noch keine tolle Beziehung errichtet.

Und falls du nicht weißt, wo und wie du deinen potenziellen Partner finden solltest, kannst du vielleicht mal einen Blick auf die zahlreichen Angebote von Dating-Apps werfen oder melde dich beispielsweise in einem Verein an. Wenn du noch zur Schule gehst, hast du ja bereits einen Public Spot vor dir.

WIE SPRECHE ICH DENJENIGEN AN?

Darin bin ich nun wirklich kein Experte. Ich hatte Glück, dass mir das Ansprechen abgenommen wurde, und dennoch kann ich empfehlen: Sei, wie du bist. Ich weiß, dass man gern dazu neigt, sich zu verstellen, um cooler rüberzukommen und der anderen Person zu gefallen. Aber vielleicht reicht auch schon ein einfaches »Hey«, um ins Gespräch zu kommen. Sich zu verstellen oder total aufgeregt an die Sache heranzugehen bringt überhaupt nichts und mündet letztlich nur in eine Sackgasse.

HILFE! ICH BIN IN MEINEN BESTEN FREUND VERLIEBT! WAS TUN?

Du bist dir absolut sicher, dass du dich in deinen besten Freund verliebt hast? Das ist nicht anders als in jeder heterosexuellen Beziehung auch. Dann ist das Wichtigste, dass ihr offen darüber redet. Vielleicht geht es ihm oder ihr genauso. Und selbst wenn nicht: Deine Gefühle lassen sich nicht wegzaubern. Sie für dich zu behalten löst nur eine Blockade in deinem Kopf aus, die dich in Gegenwart deines besten Freundes unangenehm nervös und verkrampft werden lässt und letztlich vielleicht sogar eure Freundschaft kaputt macht.

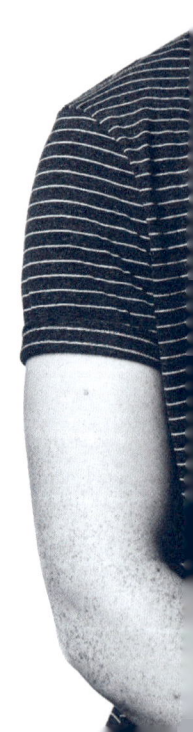

FLIRTTIPPS

Verstell dich nicht, nur um cool rüberzukommen!

Schau deinem Gegenüber immer in die Augen (sind immerhin die Fenster zur Seele).

Denk daran, dass auch die Körpersprache stimmt, verschränke beispielsweise nicht die Arme vor der Brust oder lass dich von deinem Smartphone ablenken).

Konstruierte Anmachsprüche aus Zeitschriften oder solche, die man aus Film und Fernsehen kennt, würde ich vermeiden. Sei sympathisch und echt, das ist definitiv der bessere Weg.

Vergiss nicht, dein Gegenüber anzulächeln, und mach ihm ein paar Komplimente.

Sei ein guter Zuhörer und stell deinem Gegenüber Fragen. Immerhin möchtest du ihn besser kennenlernen.

WIE BEREITE ICH MICH AUF DAS ERSTE DATE VOR?

Ein gepflegtes Äußeres ist das A und O. Aber das ist ja eigentlich selbstverständlich.

Die passenden Anziehsachen sollten auch nicht fehlen. Mach sie aber abhängig von der Location, in der ihr euch trefft. In einem Restaurant sollte man nicht in Jogginghose und Pullover auftauchen – anders herum wäre ein Anzug in einem Kino viel zu viel!

Bring gute Laune mit! Auch, wenn der Tag sehr lang war und man total müde ist, ist es der erste Eindruck, der entscheidet – und der sollte doch möglichst gut sein, oder?

Leg dir vor dem Date ein paar Fragen zurecht, die das Eis brechen können.

WIE BEREITE ICH MICH AUF DEN ERSTEN KUSS / DAS ERSTE MAL VOR?

Hierzu muss ich sagen, dass mein Freund mein erster Partner war und ich zusammen mit ihm gewachsen bin. Anfangs wusste ich nicht einmal, wohin die Zunge im Mund des anderen muss oder welche Vorkehrungen man beim Sex treffen sollte.

Eins kann ich sagen: Es gibt keinen Grund, nervös zu sein. Küssen ist reine Übungssache – und es ist schließlich noch kein Meister vom Himmel gefallen. Da können schon mal aus Versehen die Zähne aneinanderschlagen, da kann man sich mal nicht sicher sein, wer seinen Kopf in welche Richtung dreht, da kann man sich schon mal die Nasen gegenseitig platt drücken. Alles halb so wild.
An sich geht es um den Austausch von Liebe, wie dieser stattfindet, ist von Paar zu Paar verschieden.

Vor deinem ersten Mal solltest du auf jeden Fall mit deinem Partner sprechen (mit dem Partner sprechen ist sowieso immer gut, egal, worum es geht, es ist immer eine gute Option und stärkt eure Beziehung).

Wenn es für euch beide das erste Mal ist, könnt ihr euch langsam und in Ruhe besser und besser kennenlernen. Feinheiten und liebevolle Gesten kommen mit der Zeit und mit der Sicherheit seinem Partner gegenüber. Sollte dein Partner allerdings sein erstes Mal bereits hinter sich gebracht haben, kannst du dich mit ihm darüber austauschen und über alles reden, was gleich passieren wird, wie man es am besten angeht, was deine Ängste sind, und so weiter.

DEIN TIPP-TAGEBUCH

#fragerunde

FRAGEN, DIE EINFACH JEDER STELLT

> **Warst du schon immer schwul?**

Ja, ich habe es nur sehr spät gemerkt.

> **Willst du mal Kinder haben?**

Auf jeden Fall!

> **Wirst du oft gemobbt, weil du schwul bist?**

Nicht mehr so oft wie früher, aber hier und da auf jeden Fall (sowohl online als auch offline). Aber es interessiert mich eigentlich recht wenig bis gar nicht. Ich sag mir immer: »Forget the hater 'cause some- body loves you!«

> **Möchtest du mal heiraten?**

JA! Am liebsten in Weiß, mit Wegen aus Rosenblättern, einer Kutsche, in einem Wald, mit einem Torbogen aus Ranken und einer großen Torte ... wenn schon, denn schon!

> **Hast du schon mal eine Frau geküsst?**

Nein. Zumindest nicht so richtig, es gab nur mal einen freundschaftlichen Kuss auf die Wange.

FRAGEN, DIE SICH NIEMAND ZU STELLEN TRAUT

Hast du dir schon einmal vorgestellt, mit einem Mädchen zusammen zu sein?

Nicht so richtig. An sich habe ich natürlich nichts gegen Mädchen, aber rein sexuell und in der Liebe würde das einfach kein Happy End für mich nehmen.

Traust du dich, öffentlich Zärtlichkeiten mit deinem Freund auszutauschen?

Mittlerweile schon. Es gab Zeiten, in denen wir nebeneinandergelaufen sind wie Bekannte – vielleicht sogar noch so etwas wie Freunde. Aber mittlerweile ist mir total egal, was die anderen denken.

> **Findest du Mädchen eklig?**

Nein, ganz im Gegenteil: Ich finde Frauen durchaus sehr schön, wie zum Beispiel Gal Gadot oder Demi Lovato. Aber rein sexuell gesehen und auf eine Beziehung bezogen, kann ich es mir nicht vorstellen.

> **Gehst du nur in Gay Clubs,**
> **um nach Jungs Ausschau zu halten?**

Nein, aber ich finde einfach, dass ich mich dort ganz anders und viel »normaler« verhalten kann, als »versteift« in einem Club zu sein, in dem man sowieso nur angegafft wird, sobald andere von meiner Sexualität erfahren – und auf dem Land kann das sehr schnell passieren.

> **Fühlst du dich manchmal wie ein Mädchen?**

Manchmal fühle ich mich etwas weiblicher als »normale« Jungs, aber wie ein Mädchen fühle ich mich auf keinen Fall, nein.

FRAGEN, DIE MAN LIEBER NICHT STELLEN SOLLTE

Du liebst doch Shoppen, oder?

Bist du top oder bottom?

Woher willst du wissen, dass du auf Männer stehst, wenn du noch nie Sex mit einer Frau hattest?

HIER IST PLATZ FÜR DEINE FRAGEN

Du kannst mir deine Fragen auch gerne an
contact@nicoabrell.de schicken.
Ich werde versuchen, so schnell wie möglich zu antworten.

Meinehelden

Meine Lieblingsstars zum Thema Homosexualität:

David Milan (mein Freund, hihi)
Alicia Zett und Cha Ginger
James Charles
Jefree Star
Shane Dawson
Conchita Wurst
Kostas Kind
Dark Victory
Marvyn Macnificent
Süßigkeitenunfall

Meine liebsten Bücher zum Thema Homosexualität:

»Nur drei Worte« von Becky Albertalli
Die »Him«-Reihe von Sarina Bowen
»Wicker King« von Kayla Ancrum

Meine liebsten Filme zum Thema Homosexualität:

Freier Fall
10 year plan
Black Swan
Holding the man

Meine liebsten Serien zum Thema Homosexualität:

Modern Family
Shadowhunters
Riverdale

HIER IST PLATZ FÜR DEINE HELDEN:

Meine Lieblingsstars zum Thema Homosexualität:

Meine liebsten Bücher zum Thema Homosexualität:

Meine liebsten Filme zum Thema Homosexualität:

Meine liebsten Serien zum Thema Homosexualität:

#danksagung

Vielen Dank, dass du das Buch bis hierhin durchgelesen hast. Ich hoffe wirklich, dass ich dir ein paar Tipps mit auf den Weg geben und dir möglicherweise sogar die Angst vor allem Weiteren ein Stück weit nehmen konnte. Vergiss bitte niemals, dass du toll bist, so wie du bist. Und niemand das Recht hat, sich über dich zu stellen und über dich zu urteilen. Absolut niemand.

Ein großer Dank gilt auch meinem Freund David, der mich so liebt, wie ich bin. Ich liebe dich! Und natürlich bedanke ich mich bei meiner Mom für all die schönen Momente, die wir in den letzten Jahren zusammen verbracht haben und die uns enger zusammen-geschweißt haben. Ein Leben ohne dich hätte ich mir wirklich nicht vorstellen können! Ich bin froh, dass ich dein Sohn sein darf! Ich hab dich sehr lieb!

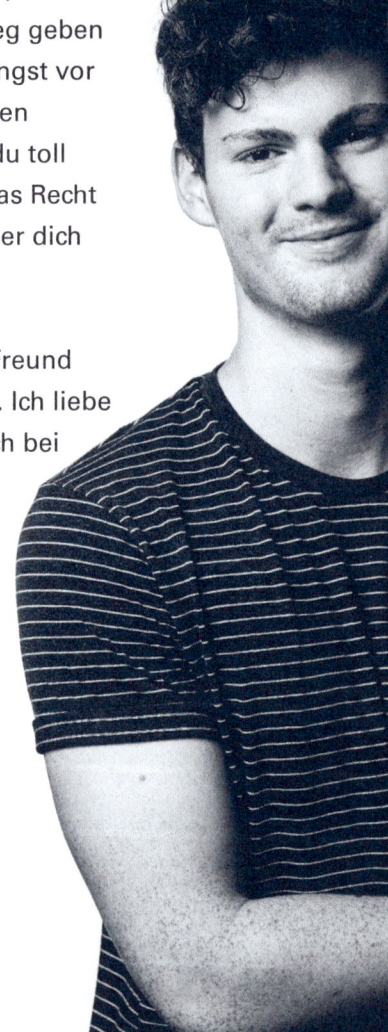

#celebrate

Hier kannst du meinen Song zum Buch downloaden: go.dtv.de/nic

Du findest den Song auch auf

 Spotify

 iTunes

 Google Play

 Deezer

 Amazon Music

CELEBRATE

My heart beats fast
When the morning comes
'cause then I realize
That you're in the past

But let me explain 'cause it's not easy to tell
There wasn't a witch who cursed me with a magical spell.
Suddenly he stood in front of me
I looked in the mirror and told myself I'm gay.

My heart beats fast
When the morning comes
'cause then I realize
That you're in the past
Let's celebrate that we are different
And even though they would hurt us
The past is in the past

We fell in love and just went on no matter what they said
There were no excuses not to be who we wanna be
And by the time we shared the same bed
But every time I woke up his sorrows went ahead

My heart beats fast
When the morning comes

'cause then I realize
That you're in the past
Let's celebrate that we are different
And even though they would hurt us
The past is in the past

No matter what they say
No matter what they do
I will walk
Let them talk

Even though they don't know
What it's meant to be
I will walk
Let them talk

My heart beats fast
When the morning comes
'cause then I realize
That you're in the past
Let's celebrate that we are different
And even though they would hurt us
The past is in the past

BRENNE FÜR MICH!

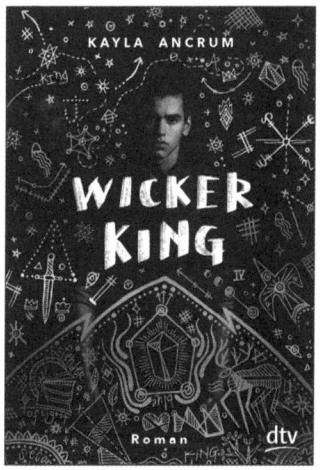

Lass dich mitnehmen in die Welt von Jack und August!
Aber gibt es diese wirklich?